Traduit par Nadège Verrier

Publié par Watts en 1995.
Titre original : *Dinosaurs*.

ISBN 2-88480-987-2
Imprimé en Italie.
Coproduction Calligram/Metagram.

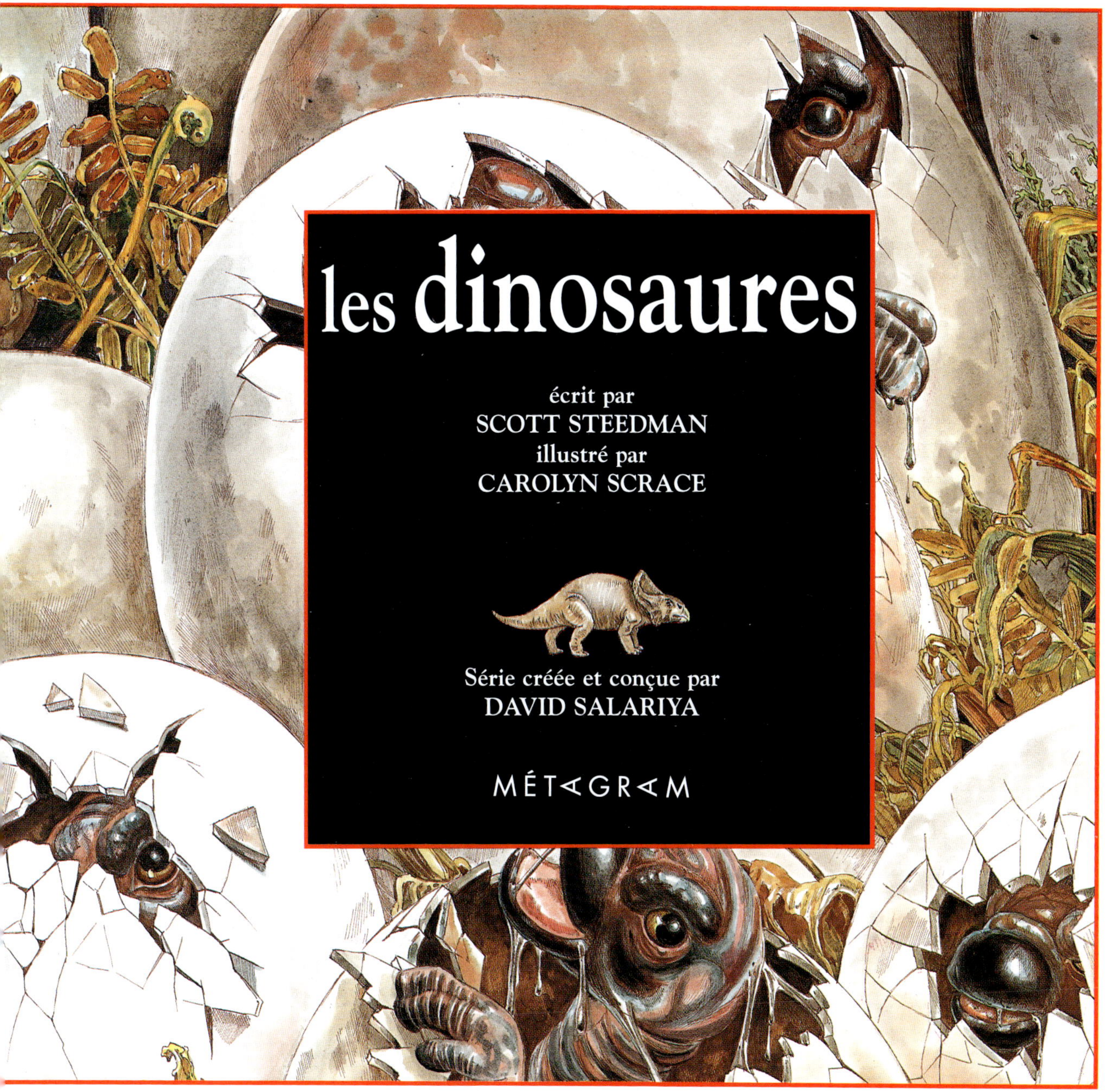

les dinosaures

écrit par
SCOTT STEEDMAN
illustré par
CAROLYN SCRACE

Série créée et conçue par
DAVID SALARIYA

MÉTAGRAM

SOMMAIRE

L'âge des dinosaures

(le Mésozoïque) débuta il y a 225 millions d'années. À cette période, la Terre était couverte de forêts denses, de plaines poussiéreuses et de mers peu profondes. Le climat était beaucoup plus chaud qu'aujourd'hui.
Les mammifères n'existaient pas, pas plus que les plantes à fleurs ou les oiseaux.
Les premiers dinosaures trouvaient leur nourriture dans les buissons et les arbres. C'étaient des reptiles.
Avec leur peau écailleuse, ce sont les ancêtres des serpents et des crocodiles actuels. Ils ont peuplé notre planète pendant les 160 millions d'années suivantes.

Les paléontologues sont ceux qui étudient les formes de vie du passé.

Ce chercheur se sert d'un pinceau pour ôter les minuscules particules insérées dans l'os.

Les os nus

Les os nus sont souvent les seuls restes de dinosaures. Toutes les parties molles comme la peau et les organes se sont décomposées. Seules les parties les plus dures des os, des dents et des griffes se sont transformées en roches : c'est la fossilisation. Les spécialistes tentent, grâce aux fragments mis au jour, de reconstituer l'animal disparu. La taille d'un os peut donner des indications sur la dimension du dinosaure. Les stries et les rainures révèlent la façon dont les muscles et les vaisseaux sanguins s'articulaient. Une seule dent peut suffire à déterminer le régime alimentaire de l'animal. Il faut parfois plusieurs années avant de parvenir à reconstituer ce puzzle géant.

La première étape dans la reconstitution du dinosaure consiste à déterrer les os. Les chercheurs dépouillent le squelette des roches qui l'entourent.

Les fossiles sont très fragiles et doivent être manipulés avec soin. Les os sont recouverts de papier de soie ou enveloppés dans des bandages.

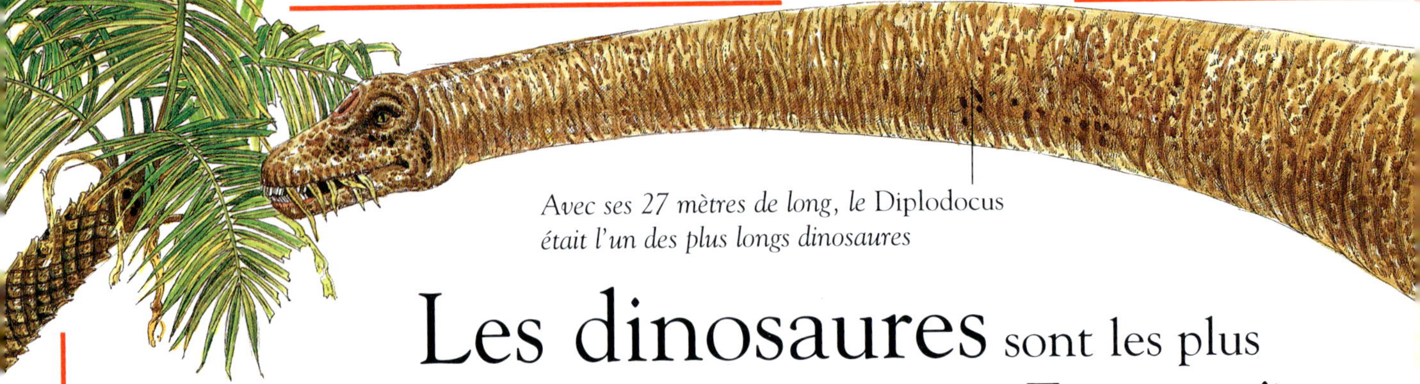

Avec ses 27 mètres de long, le Diplodocus *était l'un des plus longs dinosaures*

Les dinosaures sont les plus gros animaux ayant vécu sur Terre jusqu'à ce jour. Les plus gros pesaient 10 fois le poids du plus gros éléphant tandis que les plus petits ne dépassaient pas la taille d'une poule. La Terre a connu plusieurs centaines de dinosaures différents mais ils n'ont pas tous vécu simultanément.

Le Mésozoïque se compose de trois périodes : le Trias, le Jurassique et le Crétacé.

- Le Trias
  Il y a 245 à 208 millions d'années.
- Le Jurassique
  Il y a 208 à 146 millions d'années.
- Le Crétacé
  Il y a 146 à 65 millions d'années.

Les premiers dinosaures firent leur apparition au Trias (il y a 245 à 208 millions d'années), époque où le climat était sec et chaud.

Quelques-unes des espèces les plus petites et les plus grosses apparurent au Jurassique (il y a 208 à 146 millions d'années). La végétation était alors plus luxuriante.

La diversification des dinosaures s'opéra au Crétacé (il y a 146 à 65 millions d'années).

Selon certains spécialistes, les oiseaux – et non pas les reptiles – sont les parents vivants les plus proches des dinosaures. L'*Archaepteryx* présentait des caractéristiques reptiliennes mais était recouvert de plumes comme les oiseaux actuels.

Certains dinosaures étaient carnivores, d'autres herbivores.

Il y a quelques similitudes entre le Stegosaurus *et le crocodile actuel. Mais le crocodile est plus petit avec des pattes placées à angle droit.*

Les géants carnivores

chassaient les autres dinosaures – y compris les herbivores beaucoup plus gros qu'eux. Ils suivaient un troupeau d'herbivores puis attendaient qu'un des membres plus faible ou plus jeune s'éloigne du groupe pour se jeter sur lui.

Le *Tenontosaurus* atteignait 6,5 mètres de long mais un *Deinonychus* attaquait rarement un *Tenontosaurus* adulte.

Une meute de *Deinonychus* met à terre un *Tenontosaurus*. Avec leurs dents et leurs griffes, ils le dépècent aux endroits les moins protégés.

Le prédateur devait être rapide car en pourrissant, la chair dégageait une odeur très forte qui attirait d'autres dinosaures venant réclamer leur part.

Le *Tyrannosaurus rex* vivait au Crétacé, il y a 146 à 65 millions d'années.

Le *Daspletosaurus*, parent du *Tyrannosaurus*, atteignait 9 mètres de long. Il vivait au Crétacé, il y a 75 à 65 millions d'années.

L'*Albertosaurus* vivait également au Crétacé et ressemblait à un *Daspletosaurus*. Il chassait des dinosaures tel le *Triceratops*.

Le *Tyrannosaurus rex* chassait probablement en solitaire. Mais il n'est pas impossible qu'il ait été également un charognard, se régalant des proies capturées par d'autres dinosaures.

Tyrannosaurus *à l'attaque*

Triceratops *présentant ses cornes en guise de défense*

Struthiomimus *poursuivant des insectes*

Pachycephalosaurus *mâles s'affrontant tête contre tête*

Couché sur le ventre — *Se levant* — *Balançant sa tête en arrière* — *En position debout*

Grâce à ses mâchoires et à ses dents colossales, le *Tyrannosaurus* était capable d'arracher de grands quartiers de viande de sa proie. Il ne mâchait pas mais avalait entièrement chaque bouchée.

Le *Tyrannosaurus* courait après sa proie sur ses puissantes pattes postérieures. Sa queue lui permettait de contrebalancer le poids de son énorme tête.

Le *Tyrannosaurus rex* fut l'un des plus grands carnassiers que la Terre ait connus. Son nom signifie « reptile tyran-roi ». Il pouvait atteindre 14 mètres de long et 5 mètres de haut. Il chassait d'autres dinosaures, probablement en se cachant puis en fondant sur eux par surprise. Il était muni de dents effrayantes et de deux puissantes pattes postérieures terminées par des griffes acérées.

Le Tyrannosaurus *à la poursuite d'un* Parasaurolophus.

Pages 16-17,
un *Compsognathus* pourchassant sa proie.

Il pouvait soulever sa lourde queue du sol.

Le Plateosaurus *avalait des cailloux qui facilitaient le broyage des aliments dans l'estomac.*

La vie en troupeau protégeait le *Plateosaurus* contre les attaques des prédateurs.

Les plus gros dinosaures étaient herbivores. Une créature lente telle que le *Plateosaurus* devait avaler une quantité importante de végétation chaque jour, simplement pour survivre. Pour digérer un tel volume, il lui fallait un estomac et des intestins énormes. Pourtant, le *Plateosaurus* était relativement petit par rapport aux vrais géants comme le *Brachiosaurus*. Celui-ci pesait 80 tonnes et son cou mesurait 9 mètres de long.

Le *Plateosaurus* se déplaçait soit à quatre pattes soit sur ses deux énormes pattes postérieures. Lorsqu'il était debout, il allongeait son immense cou de façon à attraper les feuilles en hauteur, inaccessibles aux autres dinosaures.

Son pouce était prolongé par une large et puissante griffe. Celle-ci lui servait probablement à tenir à l'écart ses agresseurs carnivores.

Les plaques ne servaient pas à se défendre. Trouées comme des éponges, elles renfermaient probablement de très nombreux vaisseaux sanguins. Selon certains spécialistes, ces plaques faisaient office de radiateurs, réchauffant ou refroidissant le corps en fonction des besoins.

Le *Stegosaurus* fut surnommé « lézard à toit » parce qu'on pensait que les plaques recouvrant son dos s'imbriquaient comme les tuiles d'un toit.

En raison de la petitesse de son cerveau, le *Stegosaurus* se déplaçait lentement et ses sens et ses réflexes étaient très peu développés. Pourtant, le genre *Stegosaurus* a persisté pendant près de 70 millions d'années, preuve qu'un petit cerveau n'était pas nécessairement un handicap.

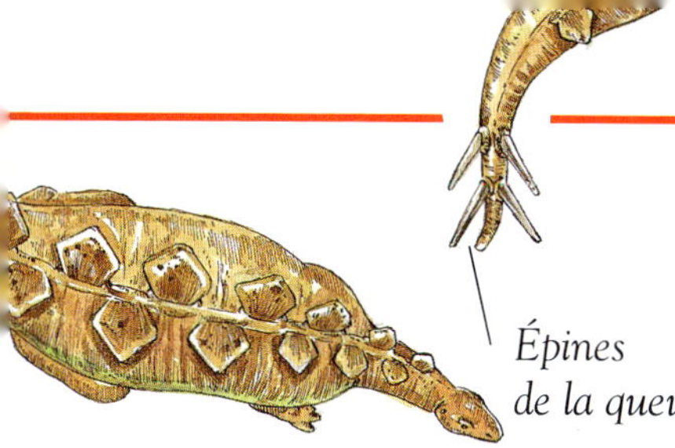

Épines de la queue

Seul l'ouest de l'Amérique du Nord, plus précisément dans la région englobant le Colorado, l'Utah et le Wyoming actuels, a livré des restes de *Stegosaurus*. Ce dinosaure a vécu au Jurassique inférieur, il y a environ 150 millions d'années.

Le *Stegosaurus* avait un gros corps mais un petit cerveau. Ce dinosaure très massif atteignait 7 mètres de long pour 1,5 tonne mais son cerveau n'était pas plus gros qu'une noix. Son dos était recouvert d'une crête de deux rangées de plaques décalées. Sa queue ornée de longues épines pouvait également servir de massue.

Le *Stegosaurus* se nourrissait de fougères, de cycadales et d'autres plantes basses. Ses petites dents et ses mâchoires peu musclées l'empêchaient de mâcher efficacement sa nourriture. Pour compenser, les aliments ingurgités fermentaient pendant plusieurs jours dans son gigantesque estomac.

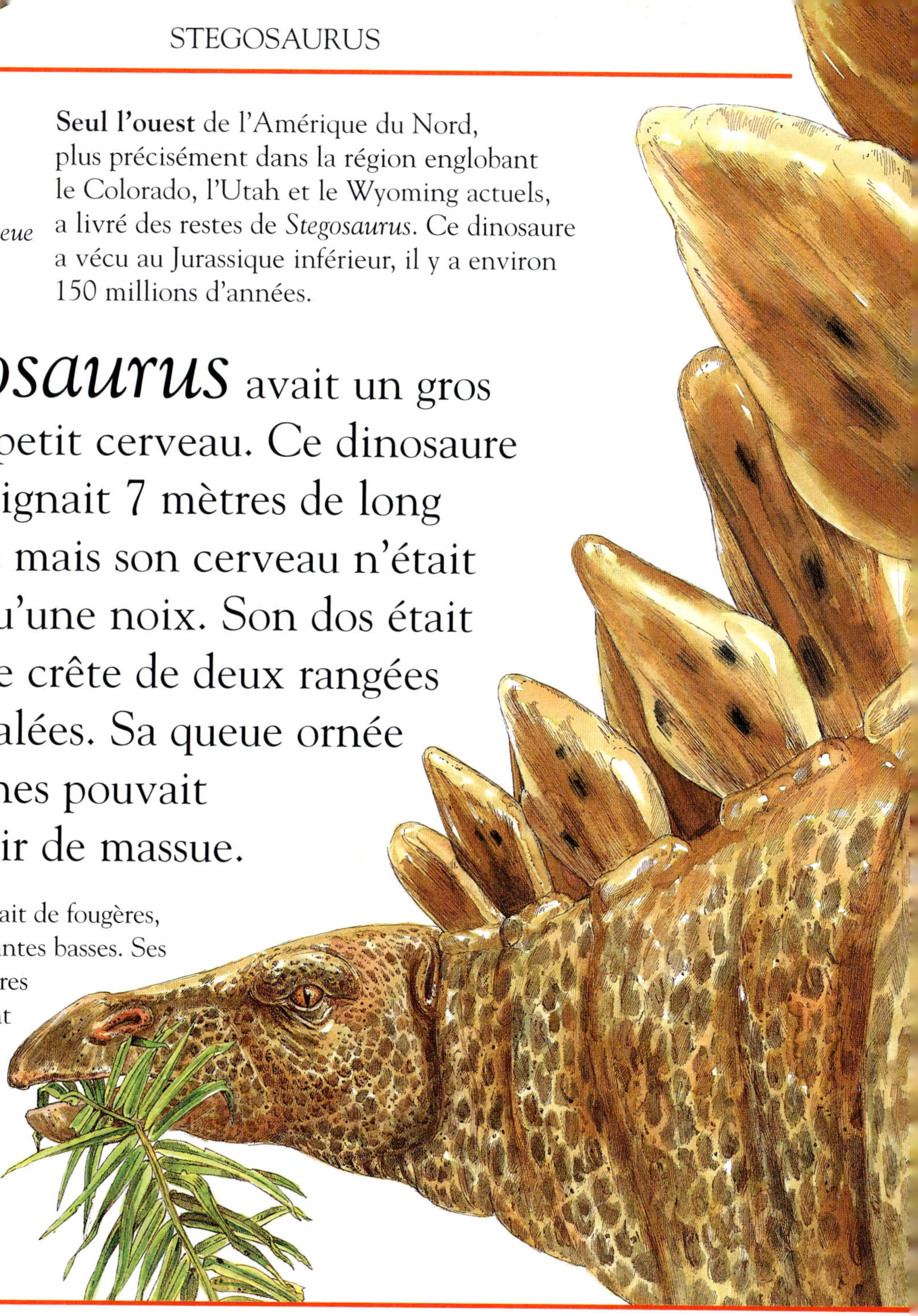

De nombreux dinosaures pondaient des œufs – exactement comme les reptiles et les oiseaux actuels. Cette caractéristique fut démontrée dans les années 1920, avec la découverte d'une colonie de *Protoceratops* dans le désert de Gobi, en Mongolie. La femelle creusait un trou dans le sable dans lequel elle déposait ses œufs. Elle recouvrait ses œufs de sable pour les maintenir au chaud. Tournez la page pour découvrir les petits en train de naître dans leur nid.

Le *Protoceratops* vivait au Crétacé, il y a 83 à 76 millions d'années.

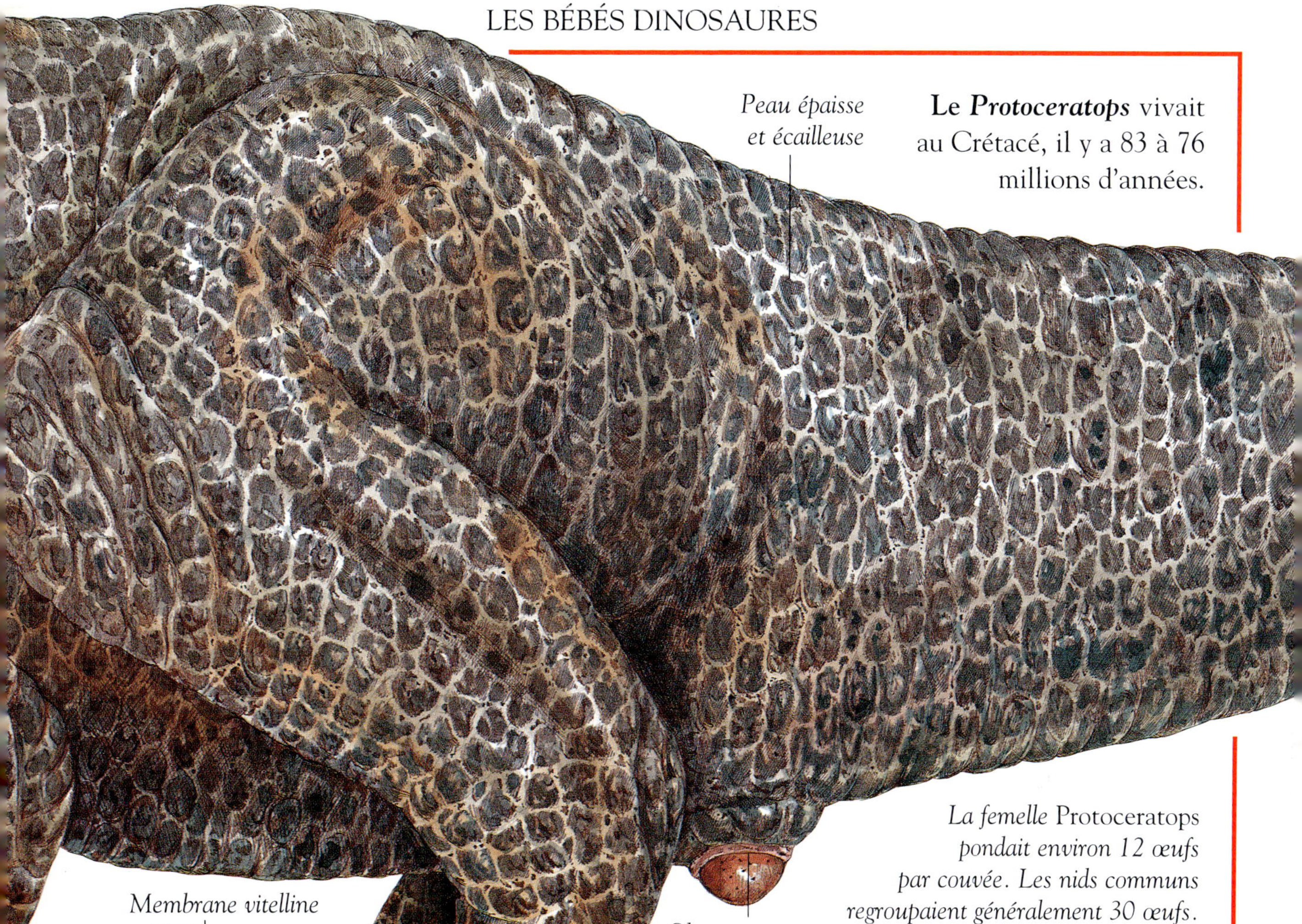

La femelle Protoceratops *pondait environ 12 œufs par couvée. Les nids communs regroupaient généralement 30 œufs.*

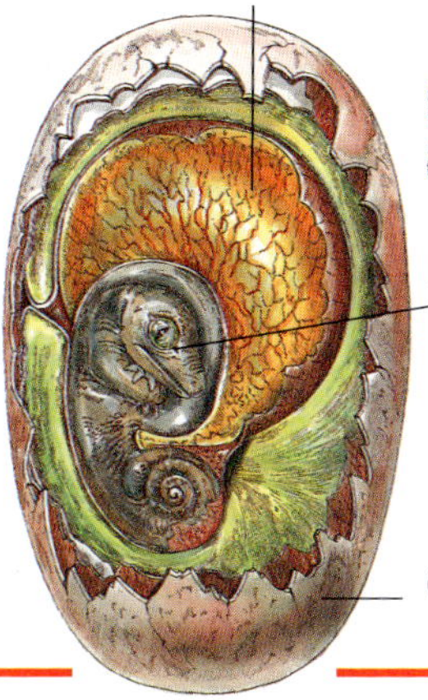

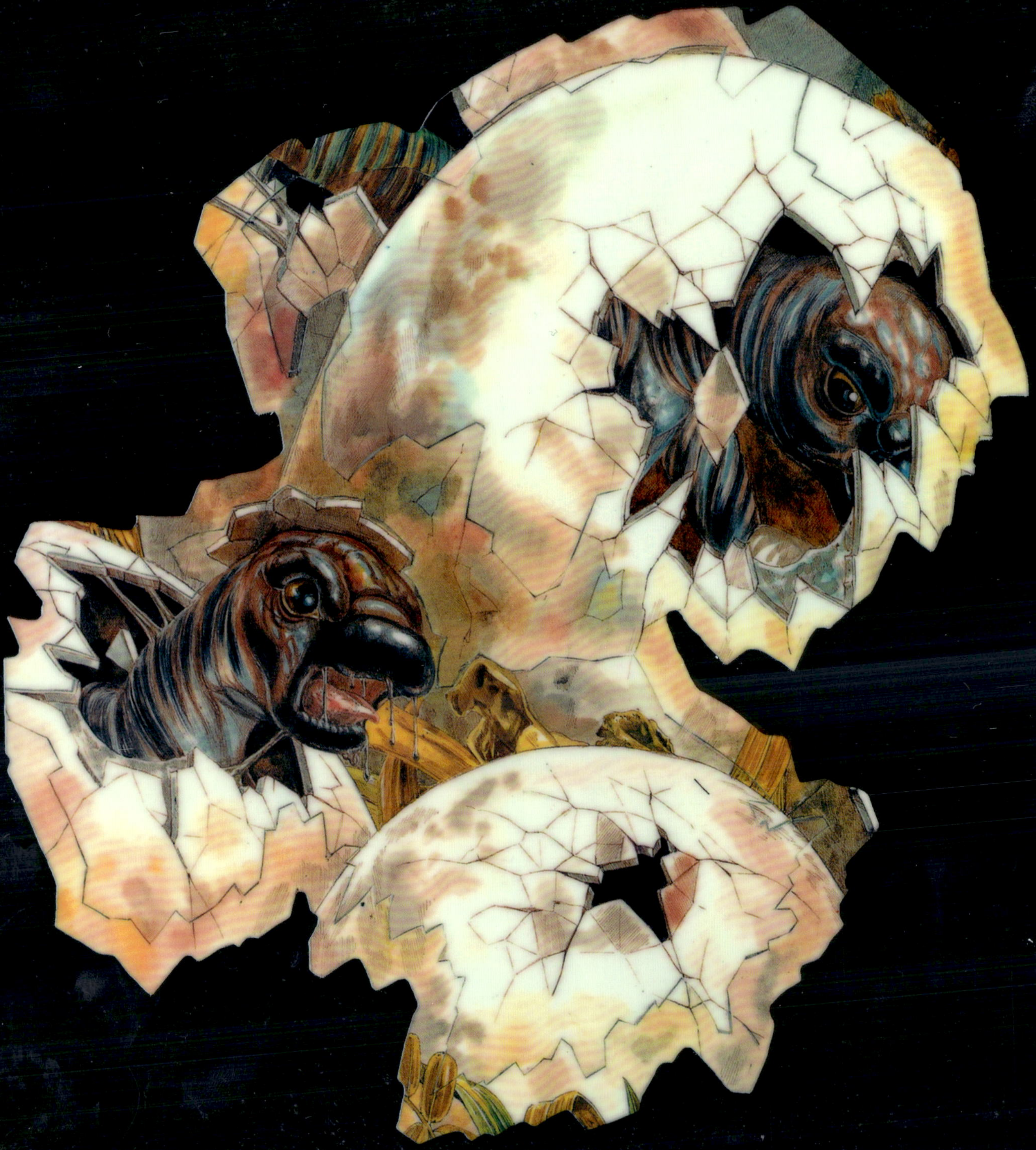

Les mères *Maiasaura* devaient faire attention aux dinosaures affamés cherchant à dévorer leurs petits. Il n'est pas impossible qu'elles aient partagé leurs tâches de garde.

Le *Maiasaura* vivait dans les hautes plaines d'Amérique du Nord. La découverte de plusieurs milliers d'ossements dans le Montana indique que ces dinosaures avaient adopté une vie en colonies pour assurer leur protection.

Œil surmonté d'une crête cornée

Le Maiasaura *était un dinosaure à bec de canard capable de marcher sur ses pattes postérieures.*

À la naissance, les bébés possédaient de petites dents grâce auxquelles ils pouvaient manger des aliments solides.

Comme de nombreux mammifères actuels, les bébés Maiasaura *possédaient de grands yeux.*

Il est fort probable que l'extrémité la plus large de l'œuf, que le nouveau-né brisait, était orientée vers le haut, ce qui facilitait la sortie du bébé *Maiasaura*.

Les nids de *Maiasaura* étaient disposés les uns à côté des autres, distants de seulement 7 à 8 mètres – la taille d'une mère *Maiasaura*.

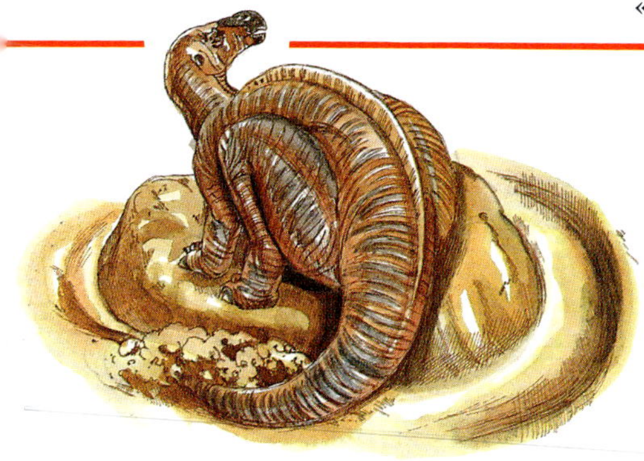

Les nids et les bébés fossilisés sont extrêmement rares, probablement parce que la plupart des dinosaures bâtissaient leurs nids dans des endroits difficiles d'accès. C'est en 1978 que fut découverte une aire de nidification de *Maiasaura*.

Les œufs finissent enfin par éclore, libérant de minuscules bébés dinosaures dont les os des pattes ne sont pas encore consolidés. Les illustrations de cette page montrent un nid de *Maiasaura*, dans le Montana, aux États-Unis d'Amérique.

Les mères nourrissaient leurs petits jusqu'à ce qu'ils soient capables de trouver leur nourriture seuls.

Maiasaura signifie « la bonne mère reptile » en latin. Les bébés *Maiasaura* n'étaient pas très gros à la naissance mais leur croissance était très rapide. Lorsqu'ils étaient en âge de quitter le nid, ils devaient se déplacer au sein du troupeau, ainsi protégés des prédateurs par un rideau d'adultes.

Le *Deinonychus* possédait une mâchoire énorme remplie de grosses dents tranchantes. Ses pattes antérieures se terminaient par de fines griffes, coupantes comme des lames.

Grâce à leur bec

corné et à leurs griffes acérées, de nombreux dinosaures étaient capables d'arracher la végétation ou d'attraper leurs proies. Les herbivores tels le *Triceratops* et le *Psittacosaurus* étaient dotés d'un bec dépourvu de dents grâce auquel ils broyaient les troncs d'arbres les plus robustes.

Psittacosaurus

Psittacosaurus signifie « reptile perroquet ». Cet herbivore qui a vécu il y a 98 à 90 millions d'années possédait un crâne épais, un bec corné et dépourvu de dents, et des mâchoires musclées lui permettant de mâcher sa nourriture.

Le Deinonychus *chassait les petits dinosaures lents tel le* Hypsilophodon. *Lorsque sa proie faiblissait, le* Deinonychus *sautait sur le dos de sa victime et lui ouvrait le ventre.*

Oviraptor signifie « voleur d'œufs ». Petit dinosaure vif, il était muni d'un bec corné et de longues griffes recourbées dont on pense qu'il se servait pour briser les œufs des autres dinosaures.

L'*Oviraptor* fut baptisé ainsi car les spécialistes étaient convaincus qu'il dévorait les œufs des autres dinosaures.

Rien ne permet d'affirmer que l'*Oviraptor* mangeait les œufs des membres de son espèce. En revanche, on sait que certains dinosaures, tel le *Coleophysis*, mangeaient leurs propres petits.

Un œuf fossilisé appartenant à un *Oviraptor* a été mis au jour récemment tout près de l'endroit où un squelette d'*Oviraptor* avait été découvert en 1923. Il faut peut-être voir là une preuve que l'*Oviraptor* n'était pas un voleur d'œufs mais qu'il s'occupait tout simplement de ses propres petits.

L'*Euoplocephalus* était doté

d'une énorme et puissante massue osseuse qu'il utilisait comme une arme de défense. S'il était attaqué par un carnivore du genre *Albertosaurus*, l'*Euoplocephalus* cinglait les membres de son adversaire de son énorme massue. C'était suffisant pour le mettre à terre. Blessé et cloué au sol, l'*Albertosaurus* devenait alors la proie des autres dinosaures carnivores.

La très lourde massue était faite de deux os fusionnés pouvant atteindre 30 kg. La fin de la queue était assez légère, ce qui permettait à l'animal de la faire claquer comme un fouet.

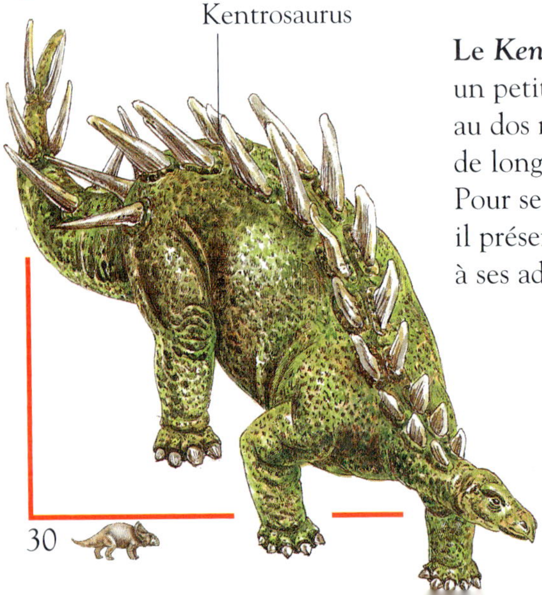

Le *Kentrosaurus* était un petit dinosaure au dos recouvert de longues épines. Pour se défendre, il présentait son dos à ses adversaires.

Fuir est l'un des meilleurs moyens de ne pas être mangé ! Le Lesothosaurus *était petit et courait très vite.*

Pour protéger leurs petits, les troupeaux de Chasmosaurus *se mettaient en rond. Les prédateurs ne voyaient plus alors que des cornes et des plaques cuirassées.*

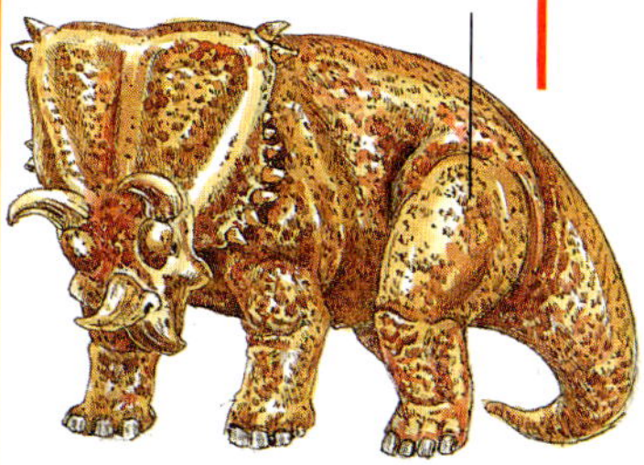

Euoplocephalus

L'*Euoplocephalus* était puissamment armé. Sa tête portait d'énormes piquants tandis que son corps et sa queue étaient parsemés de plaques osseuses et d'épines.

Le *Triceratops* vivait en Amérique du Nord il y a 70 millions d'années, à la même époque que les prédateurs géants tel le *Tyrannosaurus*. Il atteignait 9 mètres et pesait 5,4 tonnes.

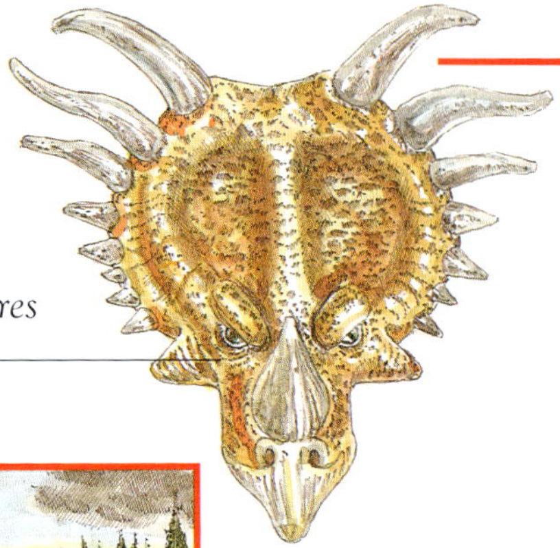

Avec ses cornes imposantes, le Styracosaurus était certainement l'un des dinosaures les plus étonnants.

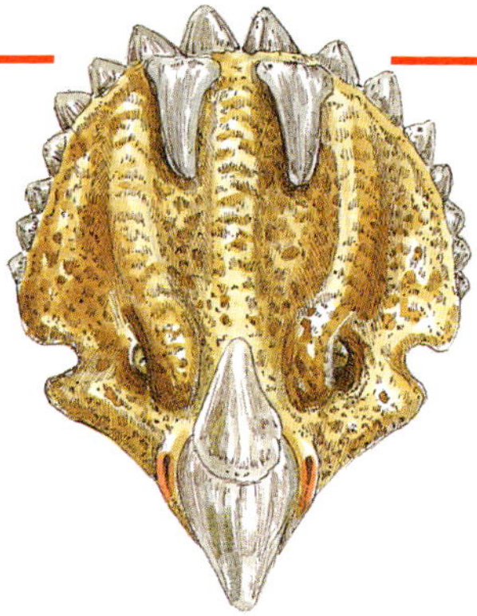

Centrosaurus

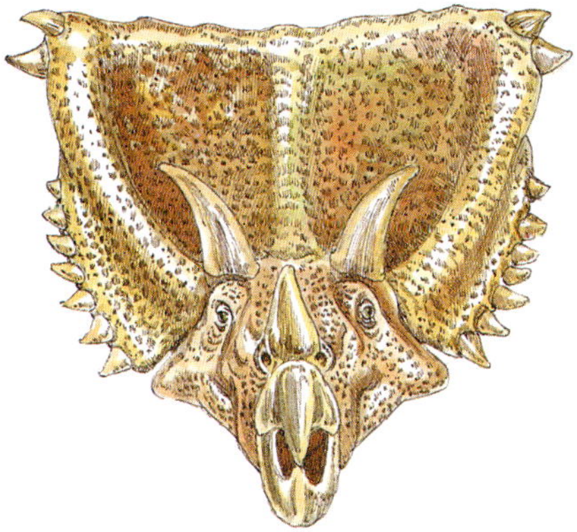

Chasmosaurus

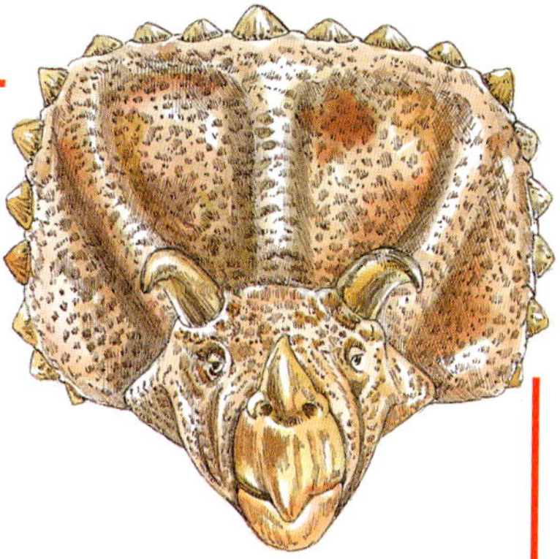

Anchiceratops

Le *Centrosaurus* est un autre exemple de dinosaure céraptosien, lui aussi doté d'un arsenal de cornes et de pointes.

L'immense collier osseux du *Chasmosaurus* protégeait le dos de l'animal tout en servant de point d'ancrage aux puissants muscles des mâchoires.

L'*Anchiceratops* était muni de trois grandes cornes. Proche parent du *Triceratops*, il se déplaçait lentement dans les contrées boisées de l'ouest de l'Amérique du Nord.

Trois cornes tranchantes

ornaient la tête du *Triceratops* – une au-dessus de chaque œil et la troisième à l'extrémité du nez. Il était également muni d'une collerette osseuse parcourue de piquants qui lui servaient essentiellement de protection. Le *Triceratops* était un herbivore lent qui n'attaquait pas pour se nourrir. Son immense bec corné lui permettait d'arracher les tiges et les racines des plantes.

Les *pléiosaures* possédaient quatre énormes membres en forme de pagaie faisant office de nageoires qu'ils battaient de haut en bas, un peu comme le font les pingouins.

Le *Macroplata* mesurait jusqu'à 4,5 mètres de long. D'autres parents proches étaient bien plus lourds et jusqu'à quatre fois plus grands.

Le *Peloneustes* présentait une constitution trapue. Il se déplaçait rapidement et attrapait les poissons à l'aide de ses puissantes mâchoires.

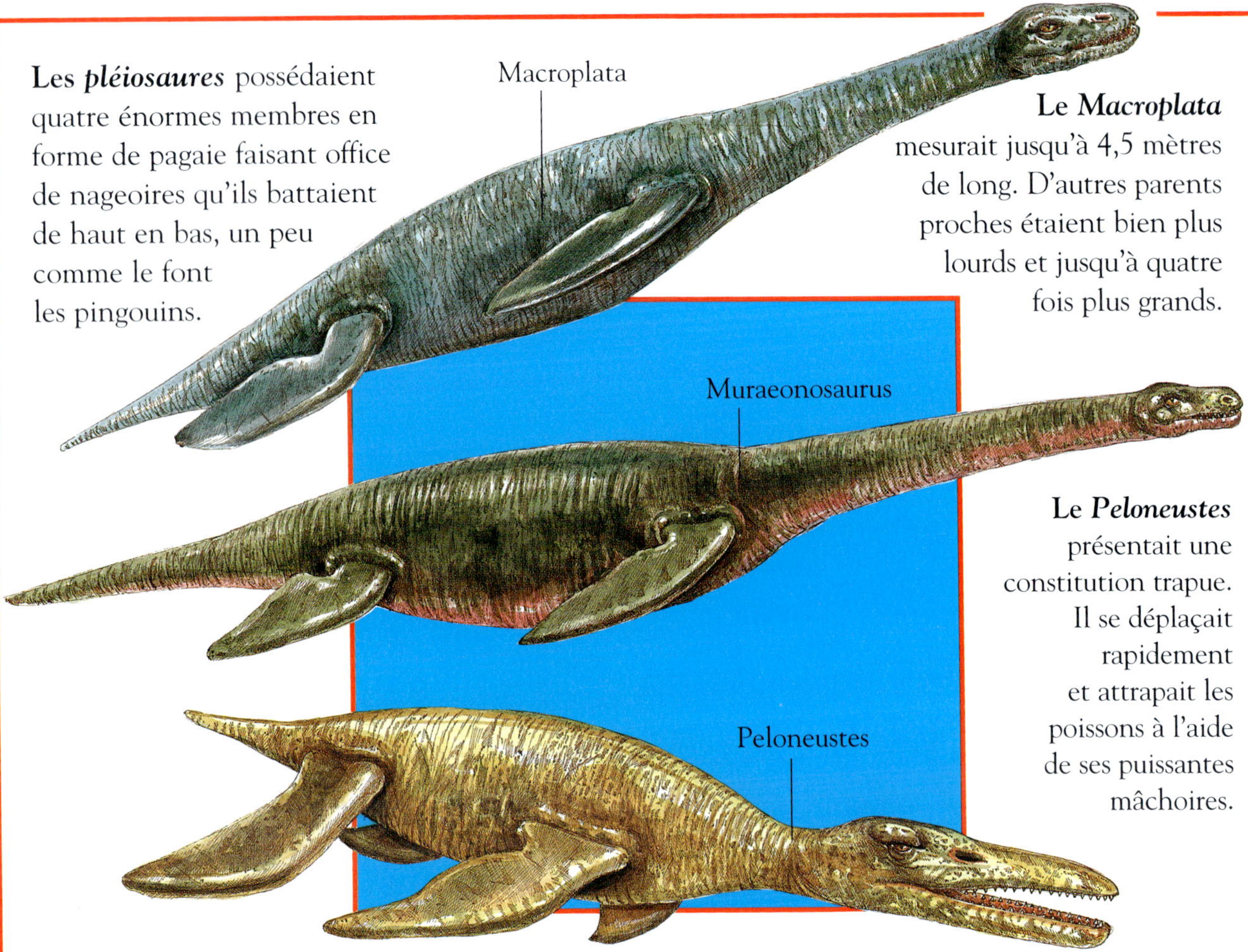

Les mers et les airs des temps préhistoriques étaient peuplés par les reptiles volants et les reptiles marins. Même s'ils n'étaient pas des dinosaures, ils étaient parents de ces géants terrestres. Les ptérosaures étaient les seuls reptiles capables de voler. Les reptiles marins englobaient les tortues gigantesques, les ichtyosaures (« reptiles poissons ») et les monstres au long cou appelés pléiosaures (« reptiles rubans »).

L'*Elasmosaurus* mesurait 13 mètres, son très long cou dépassait 7 mètres. Contrairement à la baleine actuelle, sa queue n'était pas plate mais pointue.

*L'*Elasmosaurus *agitait sa tête latéralement pour prendre des poissons.*

La majeure partie de cet astéroïde de 15 km de diamètre se serait désintégrée dans l'espace mais le reste, en atteignant la Terre, aurait provoqué une explosion, projetant un nuage de poussières et de vapeur d'eau dans l'atmosphère.

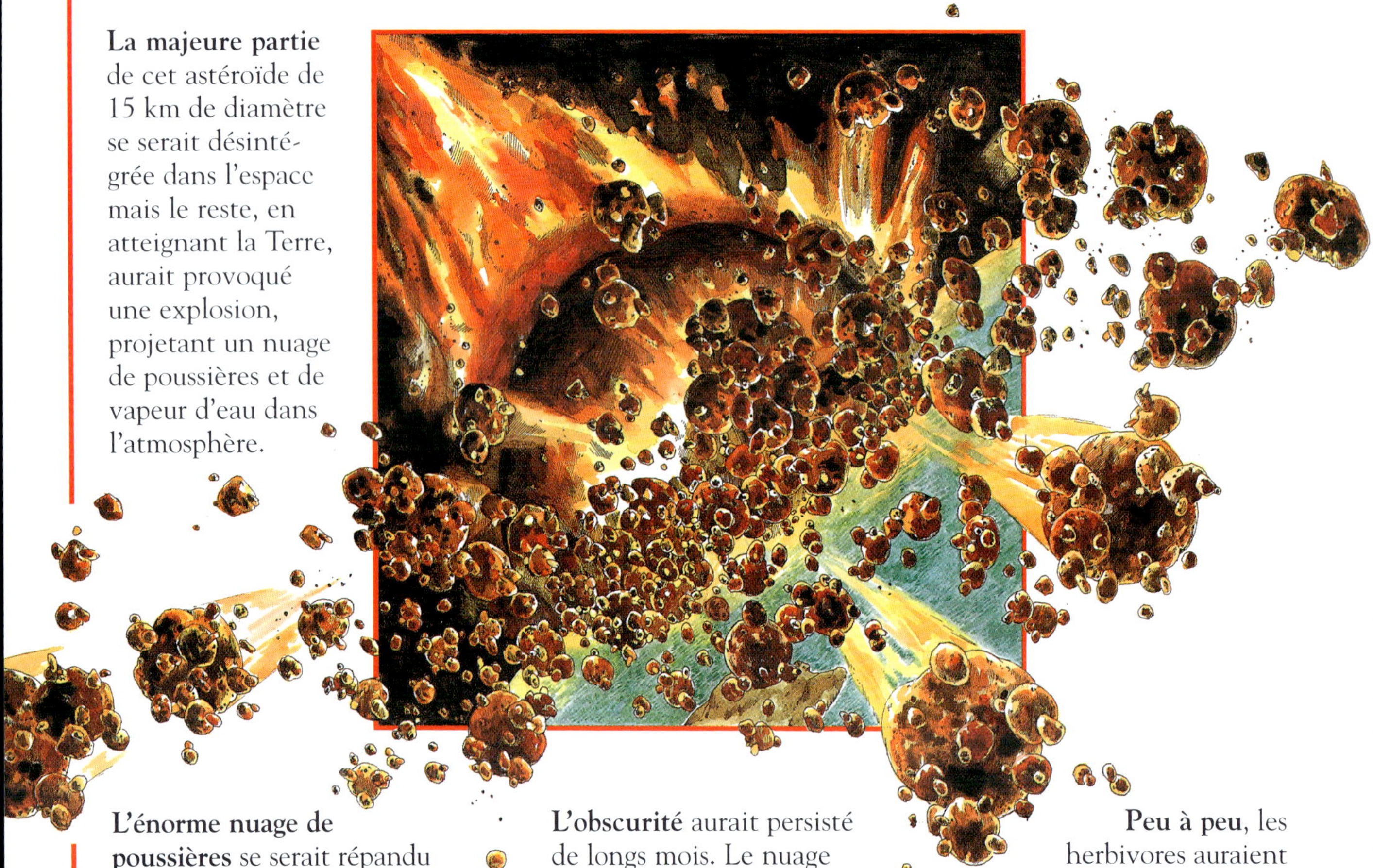

L'énorme nuage de poussières se serait répandu sur l'ensemble de la planète et le ciel serait devenu rouge sang. Puis, la nuit noire serait tombée.

L'obscurité aurait persisté de longs mois. Le nuage contenait peut-être des gaz nocifs, à l'origine de la mort de la plupart des plantes.

Peu à peu, les herbivores auraient péri. Les plus gros auraient été les premiers à disparaître, les plus petits survivant plus longtemps.

Il y a environ 64 millions d'années, les dinosaures mais aussi la majorité des reptiles volants et marins disparurent à tout jamais. Quelle catastrophe les a décimés si soudainement ? De nombreux scientifiques pensent qu'un gigantesque astéroïde – petite planète – est entré en collision avec la Terre. La poussière produite aurait opacifié l'atmosphère, voilant le soleil et entraînant une nuit noire de plusieurs mois – voire de plusieurs années. Tous les animaux comme les dinosaures auraient disparu en totalité.

Les carnivores se seraient nourris, pendant un certain temps, des herbivores morts. Mais une fois cette source de nourriture tarie, ils seraient morts à leur tour.

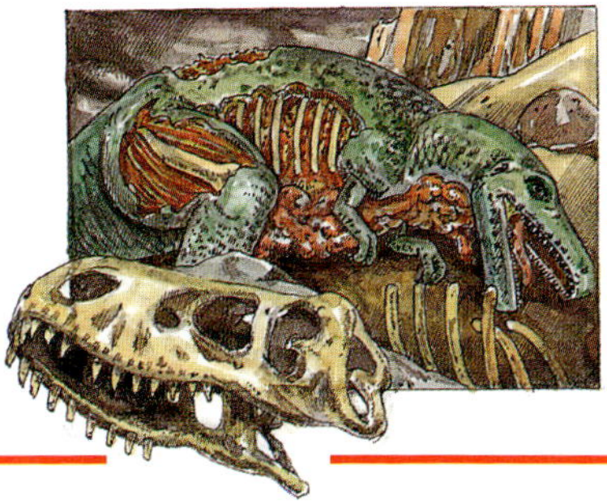

Après plusieurs mois, peut-être des années, le nuage de vapeur se serait levé. Seuls les insectes, les petits reptiles et les mammifères auraient survécu.

Des millions d'années plus tard, les mammifères et les oiseaux ont donné naissance à une incroyable variété de nouvelles espèces.

MOTS UTILES

Carnivore : animal se nourrissant de viande.

Crétacé : période comprise entre – 146 à – 65 millions d'années dont la fin est marquée par l'extinction des dinosaures.

Cycadale : plante des régions chaudes dont les feuilles ressemblent à celles du palmier.

Fossile : reste d'un animal ou d'une plante âgé de plusieurs millions d'années qui s'est conservé dans la roche.

Herbivore : animal se nourrissant de plantes.

Ichtyosaure : reptile marin préhistorique ressemblant au dauphin.

Jurassique : période s'étendant de – 208 à – 146 millions d'années. C'est à cette période que vécurent les plus gros dinosaures et que sont apparus les premiers oiseaux.

Mammifère : Vertébré à sang chaud portant des mamelles.

Mésozoïque : ère appelée « l'âge des reptiles » comprise entre – 245 à – 65 millions d'années.

Mongolie : vaste région d'Asie centrale située entre la Chine et la Russie.

Pléiosaures : reptiles marins préhistoriques possédant un corps effilé.

Prédateur : animal chassant d'autres animaux pour se nourrir.

Préhistorique : qui existait avant l'apparition de l'écriture.

Proie : animal qui sert de nourriture au prédateur.

Ptérosaures : reptiles volants préhistoriques étroitement apparentés aux dinosaures.

Trias : période comprise entre – 245 à – 208 millions d'années, caractérisée par l'apparition des premiers dinosaures.